零度文学空间

让过去沸腾冒烟的写作降到冰点零度，回返文学的原始空间：禁忌0度，
记忆的100度，情感的1000度，
想像的10000度。

三十三间

郑景祥

院落三：文明的暗巷

院落四：历史更深的腹地

后院：留住最原始的风景

四院落

序景祥诗集《三十三间》

◉ 陈大为

背后的四院落

我对新华文学的长期追踪，主要在新诗方面，韦铜雀、黄广青、蔡深江是我印象最深刻的三位同辈诗人，在我开始创作之际，他们的诗作已经达到相当高的水平。景祥和陈志锐是近几年新华诗坛最值得关注的名字，他们的散文也写得不错，尤其景祥的散文很值得期待。

我从来没有写过诗集的序文，诗是很主观的，所谓优劣往往只是个人的好恶。景祥在整理诗集之际，问我能否替他这本诗集写序，过去的阅读印象告诉我：可以答应。其实我很想完整而深入地阅读一个诗人最初的梦想。

但我不太会写序，所以拖了很久。我不想写一篇吹嘘滥捧的人情序，我想写真实的感受的想法，可能会比较苛刻。总觉得一篇不痛不痒的人情序，不如不要写。所以我决定在这里提出一些主观的看法，也算是一位读者的读後感。诗，本来就是主观的。

追索三十三间

一本诗集有很多种编排的方式，从作品的篇章取舍到分卷排序，都在作者脑海中反复推演过各种版本的阅读效果，最後的定稿在很大的程度上，代表了作者对自己创作生命的自觉与判断。

首先，我们从书名切入，为什麼叫「三十三间」？跟佛教里的「三十三天」——忉利天——有关系吗？阅毕全书，不闻半句梵唱，可见与此无关。三十三之数应该只是作者出版第一本诗集的岁数，再根据这个岁数挑选了三十三首诗，三十三首诗形同三十三间心房，组成一栋拥有「四个院落」的大宅。「三十三」这个数字背後的感性理由，透露了景祥的生命基调。这一点可以从附录的那篇〈所以牵手〉里获得印证。

文章是这样开头的：「如果每个人的记忆，都能忠实地录下当初的一草一木，一个眼神，还有那一刻的感动，或许我们就会更珍惜每一次的缘分。」这篇文章没有正面记述创作理念或历程，从表面上看来跟此诗集完全无关，景祥似乎志在回忆一段动人的邂逅，如此而已。但他对事物的感性观照直接影响了诗的创作（也为这本诗集提供了一条诠释的脉络），即使面对社会或历史素材，他的抒情基调仍然清晰可辨。在景祥的诗中（尤其前两卷），可以清楚读到他的真性情。

诗可以用高妙的技巧来演出所有的创意，但没有强烈而个性鲜明的思维活动，或像灵魂一般依附在诗里行间的情感，所谓的诗，不过是一堆空洞的文句。景祥的诗，自然灌注了丰沛的性情，所以读起来，每一首诗都有自己的灵魂，尽管某些诗篇吸取了某些前驱诗人的技艺。技艺，本来就是可以交流使用，甚至流传开来，成为一种基本功夫。有哪一位後进诗人，不曾自前驱诗人身上汲取过养分？

回到「三十三间」。严格来说，它并不是时间意义上的数字，比较像是一个主观的数量，甚至是一个虚数，真正有意义的是「四院落」——四个以主题来划分的创作世界。显然，在潜意识里，景祥对创作生命的反思主要维系在题材上，而不是诗歌语言内部的演化，所以记录诗作定稿或发表顺序的时间刻度，对他而言并不重要。说不定他根本不在意评论者能否精准地追溯个人诗风的演变轨迹，他比较希望展示的是，这些年来所关注的主题，以及它们在生命中扮演的角色。

本文不打算去详细讨论景祥的四大主题，那是读者可以自己看的部分，不必特别去谈它。我们不妨忘却眼前的四个明显的院落，将诗打散，重新构筑四个隐匿的院落——「意象形塑」、「押韵现象」、「附注法则」、「史料转化」。

院落一：意象形塑

景祥的诗在意象形塑方面下了不少功夫，常有令人眼睛一亮的表现。譬如〈吃下我的记忆〉一诗，将三十年来父子之间的紧张关系，有效地压缩在「沉默」的氛围里。然而这分沉默却蕴含著另一种沉痛的关怀：「沉默让每一分疼痛加倍响亮／像耳鸣一样久久不能清醒／慰问的表情我依旧吝啬／吝啬如我们从前习惯的／短短语气」。景祥的叙述里，果有「痛」的感觉，非常传神地诠释了两人因生性固执而造成的遗憾。诗的结尾，更是令人感叹不已：「所谓三十多年寡言的默契／那是你和我／一直在偷懒的命运」。「偷懒」二字，举重若轻，道尽一切无奈与懊悔，替此诗（以及父子关系）下了一个深邃的注脚。

让人印象深刻的诗作（或段落）不胜枚举，譬如〈岁月蛇影〉中对蛇的意象形塑，有翻新出奇的表现：「每一条蛇／其实是山林忍不住／咳出日积月累的／委屈」，不仅如此，「连散步也曲曲折折／神经过敏」。如果意象形塑只做到局部诗质的提升，那没有什麼稀奇，但这两首诗都能有完善的叙述架构，结尾尤其出色。在〈游乐指南〉一诗，他很成功地将童稚之心，安放到意象创造的舞台上，却不忘让它产生更深一层的生命寓意。当我们读到：「就将牢牢扣留的滑鼠放生」，即使不去分析个中含意，光从对滑鼠的「扣留」与「放生」，就可以感受到诗人的巧思。不过他在音韵节奏上的掌握，就表现得不够理想 。

院落二：押韵现象

古诗除了句末押韵，尚有内部的「平仄设计」，所以读起来比较有音乐感。这是先天上的优势。现代诗通常比较不考虑一行诗句里的音韵效果，往往倾向於「句末押韵」，一连押上四、五句，其中有几个韵，读起来特别滑溜，会产生打油诗的负效果。这个毛病在现代诗里十分常见，除非作者有意识去破除／腰斩韵脚，或改用句中自然押韵的方式，注意每一个音步，以及换行、断句时的音色变化，否则难免出现过度押韵的现象。在〈殖民地现象〉、〈日出的恐惧〉、〈独立还是纠缠不清〉等几首历史叙事意图比较强烈的诗作，过度押韵的情形伤害了诗的质地。可能是作者太注重意念的传递，为了提高叙述的气势与节奏感（或分贝？），不自觉运用过多的句末押韵，导至历史的陈述太滑顺，少了顿挫，也少了厚重感。虽然这算不上大毛病，但它往往趁诗人不注意，造成长时间的伤害。

院落三：附注法则

另一个很值得讨论的问题是：「诗末附注」。

附注的法则没有定论，有些诗人认为如果创作动机太复杂或太个人，光凭诗句本身不足以传达或说明白，遂有必要加上适量的注释。最常见的情况有四：（一）记述一件只有自己才知道来龙去脉的私事，尤其为某人某事而作，为了把事情说清楚而加注；（二）抨击某个政治或社会事件，在诗中无法完整交代事情始末及其影响，故加注说明人、事、时、地、物；（三）取材自某部较不为人所知的典籍或冷门作品，担心读者漏读诗中含意；（四）运用某些特殊的学科知识，必须进行术语或名词解说。

一首理想的诗必须自给自足，不必借助任何附注，便能把诗人的意图完整、清晰地传递出来，而且无损诗的语言质地。像状况（一），既然是私密性的讯息，只需把感觉灌注进诗里去，细节就省了。状况（二）很常见，这根本就是诗歌文类本身的功能局限，要是非附注不可的话，正表示叙述者本身的能力不足，或素材本身已超出诗的叙述功能。（三）和（四）都是可以由作者自行拿捏轻重，剪裁取舍的。附注是一种陋习，能免则免。

我们发现在《三十三间》的前三卷二十八首诗当中，附注的多达九首，其实大多可以删去。像〈重航小白船〉的注释，其实没有必要，在技巧上应该可以融入叙述当中，成为诗句；而且此歌乃很多人的共同记忆，不必交代得太详尽。〈等待安全岛〉的注释根本没必要出现，景祥太为读者著想了。〈九份月光〉的附注（包括三部电影名称在内），也可以完全入诗，连这三部电影都没听过的读者，本身的文化知识有问题，他看不懂此诗就算了。景祥应该把预设读者的文化水平，晋级到文学院大专生以上的程度，其他人不必理会。至於〈锯断岁月的指望〉的情况，就比较伤脑筋。此诗写山东荷泽市的「断指村」，如果把附注抽掉，就完全读不出来，会让人误以为是一则工伤事件的陈述，这个题材需要用长篇叙事诗的形式来描述。〈三梦唐寅〉的附注为全书之最，共五条，它牵涉到「史料转化」的问题。

院落四：史料转化

诗人本来就没有责任为读者提供完整的讯息，很多时候，我们会去假设读者脑海中对此素材已经有粗略的文学／文化知识，像《三国演义》、《西游记》，以及各种中国古代神话和民间传说，或者更高阶的《史记》、《左传》、《庄子》，以及各种文哲经典里的名篇事迹。诗人只需要抓出重点、埋下线索、形塑核心意象、传递创作意旨，就够了。其他东西留给读者自己去查。诗不是一个万能的文类，否则二十五史和诸子之学，为何不用诗来交代史迹、传递思想？诗，是一个知识共鸣的艺术，高妙的诗，有待高妙的读者来解读。精英阅读，本来就不是一件容易普及的工程。景祥不必为读者抄录唐寅的生平，但他在用典之前（譬如援用《莲花落》和《警世通言》），应该慎密思考：什麽样的典故是不必附注而一目了然？利用读者普遍具备的知识，与诗中的典故产生共振，才是他应该做的事。

然而，在处理新加坡史料的时候，诗人面对更大的难题。

虽说新加坡乃弹丸之地，史料秤起来还不到一斤，狮城史诗不管怎样写，就那几笔，大家都很熟悉。景祥的五首狮城史诗，诗末都附上一则「史说」。它跟「太史公曰」不同，主要在交代历史的详细资料。《三十三间》在新加坡出版，主要读者当然是新马地区的华人，我们在中学课本里都读过这些史迹，只有印象残留多寡之别，这五首诗读起来应该不会产生障碍，作者大可将「史说」删去，让诗说话。其实景祥在诗里头已经说得很清楚了，五个历史时段，都抓到不同的叙述重点，对焦清晰而准确，即使让不谙「狮史」的域外读者，也能了解个大概。延伸阅读，本来就是读者的事。至於域外学者，他们自然有办法找到「狮史」来对照，不必担心 。

「史料转化」在这五首诗里的表现，其实是相当成功的。感性的笔调将大历史的场景，娓娓地铺展开来。景祥站在现代史的制高点上，回顾以前的种种历史的荒谬（「赤道从来不是盛产狮子的地方」）、透过不断跳接的历史直指史迹保存的危机（「这是史上最严重的病例 / 一个国家大量失忆」）、莱佛士被偶像化背後的独立意识（「我们的潜意识始终没有独立 / 总在 2 1 世纪还在重复扮演 / 忠诚的殖民地」）等等。景祥的思绪与批评，像巨蟒缠绕著狮史的身躯，吞下史料的血肉，吐出异议的骨骸。不过我始终觉得：要是景祥把「史说」删去，再重新调整过度押韵的情况，把叙述的声频调到更雄浑的位置，这辑压卷之作，会更出色。这次结集成书，未必是这一辑诗作最终的面貌。

从《三十三间》可以读出一位诗人的成长轨迹：他关怀的事物、擅长的笔法、丰富的想像、抒情的叙事基调、国家历史的观照。作为一位诚实而主观的读者，措词或许苛刻，但这四千字，却蕴藏了我对景祥的许多期待。

台湾中坜市 · 甲申年端午

其实我很想完整而深入地
阅读一个诗人最初的梦想

院落（一）

种满遗忘的田园

第一问

跟踪我的脚

有赖于嘀嗒嗒叮醒了弱小的记忆

许多风筝的线索都已经失散

散落在神秘遥远的田园

印

我听见很多蜗牛爬行的童年
婆婆挑扁担的弯曲痕迹
有蚊子嗡嗡地叮肿了弱小的记忆
许多风筝的线索都已经失散
插落在种满遗忘的田园
稍微疏忽就会荒芜出杂草丛生
时间中断在黑白的电视

组屋的气魄比椰树还要高涨
我站在城市和地图一起迷路
打赤的脚开始学习鞋子的位置
我从走廊的缝隙俯瞰渺小的惊心
先天失去水平线的视觉
被迫和电梯一起急速升高
耳朵听不懂闹钟的啼叫
眼睛久久无法聚焦
抬头就顶着天花板

我的心仍在闪烁期待
包容一幅夜景的虫鸣

书包的重量连累脚步的轻盈
我的聪明已不足够应付暴长的科系
连做梦也在抄写打叉的恐惧
动画片的日子越播越短
标准答案的身影越拖越长
忘记自己口齿里的乡音
老师的语气就当是本来的母语
一只飞鸟从课本里逃出去
我已学会不去记得眼睛消失的方向

枪杆虽然比意象来得清晰
但十二年的枪炮声坚持融不进主旋律
顶多睡眠时一阵惯性的耳鸣
那始终不是步伐跨出的节奏

我把稍息和立正归还给操场

责任卸下给长官

踏著意象散落一地时的寂静

我剩下的脚步

总得教墨汁印得清晰

第二间

重航小白

有孩子喃喃地叫醒了很小的记忆

许多美好的东西都已经失散

坠落在神秘遥远的田园

船

原来儿时的天空
早已停泊了一艘小船
飘呀飘呀　二十多年
始终将银河的真相隐藏

好长的一次月蚀
从摇篮边开始
双桨轻轻荡漾
耳朵虽然疏懒
歌声仍甘心　暗地里
抚养童话的善良

好美的一段迷途
在歌词里恍然落帆
小船载着月牙儿靠近
将记忆的昏黄
一程程　照亮

不理会桂树被吴刚砍断

不管白兔遭阿姆斯特朗驱赶

总得让孩子苍白的海洋

有小白船

护航

（注：意外地发现《小白船》是在吟唱月亮。原来，听而不闻可以持续那么多年。谨附上《小白船》原词："蓝蓝的天空银河里／有只小白船／船上有棵桂花树／白兔在游玩／桨儿桨儿看不见／船上也没帆／飘呀飘呀飘向西天……"）

【小船载着月牙儿靠近
将记忆的昏黄
一程程 照亮】

第三间

游乐指

有关于嘀嗒单门错了若小的记忆

许多风筝的线索都已经失散

播落在神秘遥远的四周

南

“小时候的游乐场很简单，没有虚拟，所以欢乐也很实在。”

跷跷板

心事总有轻重

抛不开　惟有持续沉沦

能不能开始游戏

就看你愿不愿伸脚一蹬

滑梯

这里不会有人一蹶不振

滑落谷底就重新攀爬

这公式已演习过一百二十三次

却老是记不住

秋千

信任与依赖在交换位置

这是一个煽情的摇篮

至于落单的你　　只好独自

把地平线荡起

旋转轮

就在圈子的边缘

有人还在努力推动理想

明知离轴心越远

圆周越漫长

沙砾

当游戏累了

就将牢牢扣留的滑鼠放生

让麻木的手

重新砌一幢自己的童年

【明知离轴心越远

圆周越漫长】

第四间

末代手

有蚊子嗡嗡地叮醒了幼小的记忆

许多风筝的线索都已经失散

散落在神秘遥远的田园

帕

在这健康的年代
她是一方卫生的逃兵
折叠着回忆

其实　洗衣机早已厌倦
刻骨铭心
亏欠与泪滴
最好即时丢弃
义无反顾如倒下的
一张张树林

已无所谓伤心
在这健忘的年代
眷恋
很快就可以烫平

莫轻信

——致希尼尔

有蚊子嗡嗡地叮醒了我小的记忆

许多风筝的线索都已经失散

都落在村满道边与田园

疑

总有一只翠鸟或者苍鹭
衔着诗
执意为荒芜哺育

欠缺风雨去催促枝桠复兴
亦无四季来引诱思考变奏
这瘦得来不及咳出养料的土地

还存有藤蔓仍坚韧地
攀延在不知会不会开花
结果的烟囱

君莫轻疑
就像有信的潮水
坚持给没有船的滩岸　　捎来
一瓶一瓶的希望
不论岁月能否记得收拾

瓶口在封起那一刹那

已印上一种叫永恒的邮戳

我相信

荒芜与绿洲之间

还有诗在过渡

荒芜与绿洲之间
还有诗在过渡

裱一幅松柏风

——志傅子昭书画展

有段子喃喃地叼拌了我小的记忆

许多风筝的线索都已纷失散

散落在种满遗忘的田园

范

如此窄窄的中堂之上
文字尽情舒展
线条的欲望
红梅绽放
一枝淡淡墨香

那重逾泰山的坚持
六十年未曾卸下指掌
任岁月在擫压钩贴辅之间
忠实地运转
临摹一代书画家风范
笔迹竟一路飞白
破锋不断

右手无名指的茧子
寒竹般硬朗
纵然　大半辈子心力

全浓缩在

薄薄两天的展览

半世纪

牵挂在宣纸上的爱恋

仍然未干

【大半辈子心力
全浓缩在
薄薄两天的展览】

第七间

悼念脚

有蚊子嗡嗡地叮肿了弱小的记忆

许多风筝的线索都已经失散

坠落在种满遗忘的田园

步

我自在的脚步
不慎掉队在岁月拥挤的行程表
踽踽阵亡

其实脚趾已忘记品尝一段路的知觉
每次　左脚在盘算最吝啬的距离
右脚已瘫痪油门的温床
苏轼的竹杖芒鞋
遗落的停车场

年轻的放纵
定时夭折在皮鞋里
残留的只是义肢摆动
行尸走肉没有节奏的挽调

嬉戏的脚印
沦陷在过时的沙滩

当人海反复涨潮与退潮
印象缓缓溃散

而梦里悠闲的足迹
总赶不及醒来奔丧
视线朝着终点急躁地排气
留下一程程岁月
痴痴在路旁走样

【当人海反复涨潮与退潮
印象缓缓溃散】

第八间

等待安全

有成千嘀嗒嘀嗒打开了渺小的记忆

许多风筝的线索都已经失散

撒落在荷塘遗忘的田园

岛

比三文治宽一点的领土

包容一片匆忙的焦虑

城市旅行的灵魂　　需要

安全的旅舍

过境

四方浪潮不断汹涌

所幸生命隐藏小小港湾

强迫时间安心

在交通灯绿起之前

审察直走或转弯的决定

不要偷渡

放心事认真走过

岛的海关

（注：安全岛即“Traffic Island”－孤立在交通灯前的石灰平台，供行人驻留，等待心中所要的那一盏绿灯亮起。）

第九间

吃下我的记

有赖于喃喃地咀嚼了弱小的记忆

许多风筝的线索都已经失散

播落在神秘遥远的田园

忆

我听见你一拐一拐的行踪
离我越来越轻
那不停咳嗽的烟纠结不散
飘浮成骨骼日益突出的阴影
昔日强悍的手隐隐抽搐
镇压所有时间的延续

把大肠和肺叶的痛
通通吃下
这些年你坚持
默默失眠
内窥镜厘清了绵羊的数目
也放大了姐姐眼神的失措

我没有继承你走路的姿势
却遗传你严重的沉默
沉默让每一分疼痛加倍响亮

像耳鸣一样久久不能清醒
慰问的表情我依旧吝啬
吝啬如我们从前习惯的
短短语气

要如何才能阻止细胞
一口一口
吃掉这节约的记忆
或许　抵抗冷漠
比抵抗细菌更费力
燃烧着痛楚的烟
你已戒去
戒不掉是
还在繁衍的寂静

所谓三十多年寡言的默契

那是你和我

一直在偷懒的命运

院落（二）

倒翻心房

心房

第十间

所以牵挂

一条蛇在喉咙里打了结

许多困扰身不由己地蜷回

请别在草丛间打探

有一天你会明白

沉默是我唯一温柔的

誓言

心事一整夜在吹嘘

要多倔的决心才能镇压这种情

怕只怕真相

如一枚投入风平浪静的咒语

在你后半生留下怎么安抚

也抚不平的

皱纹

如何让梦境骑上木马旋转
绕回到一地蜗牛的童年
让胆小的手心停泊着肩膀
嘴唇温习你塞进书本的心意

难道就这样任记忆白发吗?
我的鼻子还要认定
送你十二种花的味道
疲惫的脚跟也不愿放弃
那一趟其实并不繁华的日出

再让我看一眼
让肩膀嘴唇鼻子脚跟
背熟每一次誓言的场景
我的眼睛还愣在裕廊小贩中心
呆看一朵静坐的幽莲

第十一间

寡言

一条蛇在喉咙里打了结
许多困扰身不由己地徘徊
请别在草丛间打探
有一天你会明白
沉默是我唯一温柔的
谎言

心事一整夜在咳嗽
要多坚的决心才能镇压这刺猬
怕只怕真相
如一枚投入风平浪静的咒语
在你后半生留下怎么安抚
也抚不平的
皱纹

一条蛇在喉咙里打了结
许多困扰身不由己地躲闪
请别在草丛间打探
有一天你会明白
沉默　是我唯一温柔的
谎言

心事一整夜在咳嗽
要多狠的决心才能镇压这病情
怕只怕　真相
如一枚投入风平浪静的咒语
在你后半生留下怎么安抚
也抚不平的
皱纹

剩下的迷乱
允许时间不动声色地誊清

此刻　暂且收留我的迟疑

及那一双还在你窗前

等候门开的神情

我最后的凭据

在你后半生留下怎么安抚
也抚不平的 皱纹

第十二间

我爱，别哭

一条蛇在喉咙里打了结

许多困扰身不由己地蜷闭

请别在草丛间打探

有一天你会明白

沉默是我唯一温柔的

谎言

心事一整夜在咬啮

要多狠的决心才能镇压这种情

怕只怕真相

如一枚投入风平浪静的咒语

在你后半生留下怎么安抚

也抚不平的

皱纹

思念是不分轻重的石匠
总在生命最脆弱的地方
敲得最深

时光是体恤的砂纸
不吝逐字逐句抚慰
缓缓　琢落一些记忆
悄悄　磨薄一些哀伤

难免有凿痕残留
却已不会再崩绽
就像坍塌的垣瓦底下总隐居着
一丝淡淡的遗憾
终身相伴

当春风朝露来过
回忆又长出模糊的青苔

请相信这是最自然的安排

大地和我同样在等待

温润质美的你

回来

【思念总在生命
最脆弱的地方
敲得最深】

第十三间

心游记

一条蛇在喉咙里打了结

许多困扰身不由己被缠困

请别在草丛间打探

有一天你会明白

沉默是我唯一温柔的

谎言

心事一整夜在咳嗽

要多狠的决心才能镇压这种情

怕只怕真相

如一枚投入风平浪静的咒语

在你后半生留下怎么安抚

也抚不平的

皱纹

“曾经有一段真诚的爱情摆在我面前，但是我没有珍惜。等到失去的时候，才后悔莫及。”

月若有情

请再系我于时光

让我经过迢迢五百年

投入你结的网

与你　丝丝相盘

是谁　在我的良心旁

流下一滴泪

灌溉了我的痴惘

是谁　令我初涉的恋

在经历五百年的搜索中　　掉了队

而我却依然拒绝改航

只为最初的固执

无视你断肠的　凝望

“尘世间最痛苦的事，莫过于此。
如果上天可以给我机会再来一次，
我会对那个女孩说三个字。”

这是段凄清美丽的迷路

本应不在行程的你的名字

公然出现在我梦中七百八十四次

本该另有终点的我的归宿

无助搁浅在这五指山中

枉有筋斗

恩情难渡

缘分却在零点零一公分的距离下

让你我擦身而过

放开你双手的刹那

额上金箍牢牢锁住你的背影我的痛

魂梦却早已散落在银河里

各自　　　　天涯

惟有你留给我的串串金铃

叮叮当　叮叮当

那不是骊歌

是我未曾启口的承诺

“如果非要在这三个字上加一个期限，我希望是，一万年。”

多年后

在城下看

城上依旧深情凝望着我的你的双眸

原来　永恒早已在那年

被你栽种在我心里

从未远离

（注：每一次看周星驰的电影《西游记之仙履奇缘》都有许多感触。摘录剧中的警句补成诗，只是希望能与多一些人分享一段遗憾的历程。）

只是远行

一条蛇在喉咙里打了结

许多困扰竟不由己地解围

请别在草丛间打探

有一天你会明白

沉默是我唯一温柔的

誓言

心事一整夜在咳嗽

要多坚的内心才能够抵挡这场倾

怕只怕离别

如一枚投入风平浪静的湖泊

在你后半生留下怎么安抚

也抚不平的

涟漪

从不吉普赛的你
这次选择流浪来祭奠回忆
你的地图从此要忍受
深拥的缺席

粗心的行李忘了锁上
八年的风景
而你总是忘记熄灯，关窗
和稍稍迟疑

“多写几首诗吧！”你说
不能经过你眼底
冷落的诗已读不出自信

寂寞在房里尴尬地亮着
影子悬挂在窗口
看冷风轻轻敲击

“多睡一点吧！”你还说

但你从不知道

单薄的枕头怎禁得起

思念的翻来覆去

（窗也不关，心还不息）

有一天　　你突然想起

抬头就可以看到星星

思念也许会在猎户座

交错相遇

【影子悬挂在窗口
看冷风轻轻敲击】

愁城三阕

一条蛇在傍晚里打了结

许多困扰身不由己地蜷回

请勿在草丛间打探

有一天你会明白

沉默是我唯一温柔的

语言

心事一整夜在咳嗽

要多复杂的良心才能读懂这种情绪

枯叶拾真相

如一枚投入风平浪静的咒语

在你的余生留下怎么安抚

也抚不平的

皱纹

（一）

若我不能遗忘

这纤小躯体又怎载得动

如许沉重忧伤*

我的记忆

自你踏出城门已逐渐瘫痪

往事盘旋如椅轮

辗转不出一张病床

（二）

若我不能睡眠

这疲惫眼睛又怎熬得过

如许思念漫长

我的视线

自你踏出城门已模糊不堪

梦里还在眺望
前景一片茫然

（三）

若我不能嘶喊
这瘦浅心湖又怎容得下
如许情感泛滥

我的脉搏
自你踏出城门已疾缓无章
举止风平浪静
思绪惊涛拍岸

哪一天
若我不需遗忘、不需睡眠
不再嘶喊

原是时间　　判我灵魂

期满释放

（注：辗转读到钟梅音的歌词："若我不能遗忘，这纤小躯体，又怎载得动如许沉重忧伤"，一直惦记在心。最终补成此诗。）

「仙人掌故」

一条蛇在喉咙里打了结

许多困扰身不由己被缠闭

请别在草丛间打探

有一天你会明白

沉默是我唯一温柔的

谎言

心事一整夜在咳嗽

要多烈的决心才能镇压这种痛

怕只怕真相

如一枚投入风平浪静的咒语

在你后半生留下怎么安抚

也抚不平的

皱纹

是哪一位神仙的手掌
堕入凡尘
刺痛俗世的梦

多么创伤的牵手啊
根根手指　　根根
连着我心头
从你的手到我的手

终归要接受
神仙不能欲望
你的寂寞从天界伸出手掌
偏又害怕温柔靠岸

终归要放手
太多灌溉反教你断肠
干涸与丑陋

是掩护表情的屏障

风沙与漫长

是你必须习惯的难关

点点滴滴的心意

终归要隐藏

血　却顺着你的刺

凝结到我手掌

【你的寂寞从天界伸出手掌
偏又害怕温柔靠岸】

平淡就好

第十七间

一条蛇在夜晚里打了结

许多困扰身不由己地惊问

请别在草丛间打探

有一天你会明白

沉默是我唯一温柔的

嗓音

心事一整夜在咬嚼

要多坚韧的决心才能读透这种情

结中的疼痛

如一枚掷入风平浪静的咒语

在你后半生留下怎么安排

也决定平衡

解药

海水为了平静而抵岸
过激的浪漫已沉睡
在被单里安心搁浅

当清晨悄悄拉上窗帘
不让晨曦晒温你的梦境
昨日的行程又随我开门关门

等你下班已经等成
我们每天的约会
然后把电影浓缩在小小的客厅
与你静静地看

总在临睡前你倒一杯开水
朴素润湿我的枯燥
漫漫长夜
平淡是最永恒的余味

第十八问

挡风镜崩溃之前

一条蛇在喉咙里打了结

许多困扰身不由己地躲闪

谜则在草丛间打探

有一天你会明白

沉默是我唯一温柔的

谎言

心事一整夜在咳嗽

要多坚的决心才能镇压这崩溃

怕只怕真相

如一枚投入风平浪静的咒语

在你后半生留下怎么安抚

也抚不平的

皱纹

思绪禁不住

悄悄浮现

透明里

约定一根根决裂

刺痛从未如此清晰

像网

一寸一寸伸展伤痕

不经意间

纠结整片前景

我坐在幕后

假装旁观一场绝症

其实在哀悼

一幅日渐凋零的

路程

地震的九种诠释

第十九间

一条蛇在喉咙里打了结
许多困扰身不由己地蜷曲
请别在草丛间打探
有一天你会明白
沉默是我唯一温柔的
嗓音

心事一整夜在咳嗽
要多裂的内心才能缝补这种痛
恰巧恰是相
如一枚投入深井寂静的咒语
在你给半生留下怎么安抚
也就平平的
[illegible]

“从没有经历地震。或许有，只是我不知道而已。”

1 级：超微震

无感。一般人不会察觉。

仅地震测量仪器有感应。

没有人知道，变化已迅速在蔓延。

2 级：微震

惟有坐着不动的人会留意。

少数敏感的人也可能发现。

但他们多数会断定那是错觉，

选择自欺的方式面对。

一般相信震动或许会在下一秒钟消失。

3 级：弱震

门窗和牙齿发出明显声响。

缘分开始感受到震荡。

有磨擦和冲突的现象,
原先的安逸离奇失踪。
灾难大剌剌现出原形。

4 级：轻震

悬挂在天花板的命运左摇右晃。
化妆品纷纷剥落,
许多亲密关系在持续发抖。
嘴唇若选择意气用事,
注定要窒息在沉默里。

5 级：中震

情绪已经站立不稳。
所有的缠绵一并倒翻,
怨愤都趁机溢出。
只剩下从前还在不甘心地抢救。

6级：强震

情路急速分裂。

眼神出现无法弥补的裂痕。

眼眶仅有的情分惊惶地出走，

就算再难割舍也只能遗忘。

烟雾忍不住从视线慢慢扩散。

7级：激震

桥梁崩溃，

连墓碑都已倒塌。

身体出现地壳分裂现象。

一颗心被抛起，然后摔得很冷静 。

8级：裂震

回忆严重断层，

心房毁坏不堪。

地面、河山、幸福完全变了颜色。

孤独已经成型。

9级：无震

废墟里，许多时间与往事

原封不动。

【情绪已经站立不稳
所有的缠绵一并倒翻】

院落（三）

文明的暗巷

锯断岁月的指望

第二十问

88

阳光不到的世界是颠倒的

一阵勃起的欲望

遗落在

文明的暗巷

每一弯屋檐底下
必须储存足够的手指
小心抵抗那轻易被削掉的
一根根岁月

惊惶与电锯又打了个照面
前一截是学费尺寸的考量
后面那截是呼吸空气的税款
生活在零点零一公分的距离下
又一次完美地逃过肢解

你可以抢救贫困
也可以治疗悲伤
但请不要让医生接驳
凋谢的指掌
那辛勤节省下来的青春
已没有余力偿还

是谁说命运由自己掌握
抓不紧拳头的双手
只能雕塑缺陷的梦想

箩筐里的叹息就要泛滥
不妨　不妨
有纱布暂且伪装
手术台可以等
等日子好过一点再谈

十指本应是连心
但锯木人的心
生来已是
一段
又一段

(注：中国山东荷泽市，有一个叫南亭寺的村子，当地人管它作“锯木村”，也叫“断指村”。村民几乎人人缺指，一年的断指可以装满一箩筐。因为担心付不起医药费，许多村民不肯进行接驳手术，只是随便用布包了包就算。然后，继续工作，继续断第二根，然后第三根……)

岁月蛇影

第二十一间

阳光不到的世界是颠倒的

一阵勃起的欲望

遗落在

文明的暗巷

每一条蛇
其实是山林忍不住
咳出日积月累
结晶而成的
委屈

自从亚当与夏娃一口咬定
诱惑的雏形
蛇族便世代捆住栽赃
服刑
尽管一再脱换形象
假皮仍旧泄漏
心虚的身影

所以世人确信
一定有蛇精

衔着人的样貌

吞吐全部恶行

然后金山寺总有个法海

参佛，念经和咒语

并到处传播

一些比硫磺还酸的

流言

为此

它以冬眠抵挡忧虑

把怨愤都凝固在梦境里

连散步也曲曲折折

神经过敏

问你

何时才能拆掉心中这座

违章的雷峰塔

让它回归最初的山林

释放小小

小小胆囊里

濒临爆满的

苦井

九份月光

第二十二间

阳光不到的世界是颠倒的

一阵勃起的欲望

遗落在

文明的暗巷

几经艰难
微带潮湿的夕阳
才一点一滴渗透到这
多雨，多雾，多沧桑的村庄

失业的矿坑是黄金的故乡
在繁华被淘空的时差里
酿出了古朴的内涵
走在这个敦厚的小镇
切莫吵醒她从前的梦想

（其实山城只宜在微温中品尝
游客，电影和报章
却联手将恬静打响）

笔直的竖崎路是她纵向的背脊
贯穿芋圆，番薯和茶馆
三条老街横躺成肋骨
悠闲时或许还会逛到她心脏

淌着樟脑油的历史
已被耀眼的金矿遗忘
记忆除以八份或九份
反正现在只是个观光的牌坊

偶尔会有小孩问起
从哪里来
往后怎么走?
导游也思考不出答案
如此单纯的街道却越走越迷惘

人潮打烊后

月光拍了拍基山街的肩膀：

“你再怎么乔装，

也不敌西雅图的扮相，

摊开雨水是怕脚步踢得太慌张。”

远处海风温柔地吹拂

轻轻舔着一张张

寂寞的矿坑口

（注：九份是台湾北部著名的旅游景点。曾经出产樟脑油和黄金。金尽人散之后，反而沉淀出独特的古朴气质。八，九十年代，电影“悲情城市”，“无言的山丘”和“多桑”，再次把九份炒热。但是，我们都知道，朴素是经不起商业的诱惑的。）

第二十三间

阳光不到的世界是颠倒的

一阵勃起的欲望

遗落在

文明的暗巷

子

过街时　我意识到我的不受欢迎

原来排名第一的奖品里

忘了包括偶像与人气

丑

农田已经停牌了

人人盼着我到股市去闯一闯

这个游戏是自愿　　没人按我的头

寅

以前只在景阳岗失过手

现在不仅外衣被抢

连命根　　也失窃了

卯

课本已交代清楚

我是不会再一头栽上去

却总有固执的人还在守候着树

辰

我是生肖里的唯一赝品

只通行于武侠和宫廷

偏偏最受爸爸妈妈的信任与欢迎

巳

注定要窝囊十一年

才可以昂头吐信

过年之后

让梦想继续冬眠

午

我本是名士侠客的宠儿
如今　所谓伯乐
只在周末大量涌现

未

原来生命轻得可以放进复印机
反正弄死一只　　可以再
克隆一头

申

尽管人们怎么努力地进化
藏匿尾巴　　欲望
还是那么猴急

酉

惟恐误了报时 我彻夜不眠

却发现文明的暗巷里

有个女人以我的名衔在　　叫卖

戌

别把我的名字挂在嘴边乱吠

无论是公是母

都比你的背脊忠心

亥

懒和丑是我的使命

至于好色

那是男人推卸给我的罪行

【原来生命轻得可以放进复印机
反正弄死一只 可以再
克隆一头】

垂钓鱼缸

第二十四问

阳光不到的世界是颠倒的

一阵勃起的欲望

遗落在

文明的暗巷

偌大的鱼缸确实

灌满汹涌的水

吞并所有哀伤

不然　　怎不见你

幽幽的

泪

流

把乳房再托高一点吧

那是你最卖力的香饵

越饱满越疲惫

阳光不到的世界是颠倒的

上钩的不再是鱼

(一阵勃起的欲望

被诱惑狠狠扯住咽喉)

优游的玻璃屋内
漂浮着太多太轻的故事
既熟悉又辛酸
还有精子在泅泳
戳破无数未成型的梦

所以请坚守安全的距离
确保感情不会发生关系
浓浓的胭脂底下
躲藏着剥落的咒语

隔着透明的笑容
透明的肉体
我看到岁月慢慢长成
缸里最大的鱼
将你微弱的憧憬
一颗颗
鲸吞彻底

还有精子在泅泳

戳破无数未成型的梦

第二十五间

阳光不到的世界是颠倒的

一阵钓起的欲望

遗落在

文明的暗巷

这最后的港口
已是无法抵达的乡愁
尽管不停冬泳
却怎么也游不过
这道浅浅的历史

狂澜中摆渡
终点始终坚持
但　靠左靠右
总是平衡太难
翻覆太易
航道虽可以五十年不变
舵手却已白头
就算斗得过浪涛批身
禁不住的是
岁月的唠叨

风消雨休

双手仍紧握两个遗憾

左手桥牌怎么搭也衔接不了两岸

右手点燃着的半支乡愁

灰烬了一百五十五年的耻辱

飘散开的尽是

缕缕来不及也继不上的

浓浓遗愿

设计十二亿人的梦

却圆不了一个中国

惟有在落日之后

一切回归尘土

让身躯化为候鸟

随心愿

撒

回

南

海

让眼角膜重见人间

看香江

流归大陆

（注：邓小平在1997年2月19日病逝。尽管当年他如何精明强悍，却始终无法等到香港回归那天。隐约记得他的遗言，要将骨灰撒入南中国海，并将眼角膜捐出，用作实验。）

两座城市在流泪

阳光不到的世界是颠倒的

一阵勃起的欲望

遗落在

文明的暗巷

思念的温度尽管如此相近
一道紧绷半世纪的
北纬 38 度线
强将眺望牵扯得更长更远
更无力

仓皇离家的每一个脚步
原是为了想回家
任海阔　　　　灯暗
终须归来收拾
这场丢荒五十年的离难

乡愁看似这么近
一程遗憾却要那么长

是谁规定

还乡必须抽签

尽孝设下时限

亲情还在无助等候

政治垂怜

半生的回忆被迫中断

只希望白发苍苍的你

相会时还记得

那曾经热血的少年

刚刚衔接好两代人的希望

瞬息又被捣散

而下一次死别的惊心

已在你斑白的发梢

悄悄成型

问记忆需要忍多少次呼吸

才能熬另一个

五十年

人间造就了两百份安慰

却亏欠

千万颗过期的盼望

那四天

有两座城市在流泪

接下来的N个月

只剩

一种眼神在失眠

（注：2000年8月15日，分裂50年的韩国与朝鲜，各自准许100名离散多年的家属，在汉城或平壤团聚4天。短暂重逢又匆匆道别后，双方政府表示，一定会再安排其他千万名家属相会，但一年复一年，一月复一月，思念杳无音讯。）

第二十七间

亚洲文明旅游配套

导游：景祥

阳光不到的世界是颠倒的

一阵勃起的欲望

遗落在

文明的暗巷

2天1夜情泰国合艾精选

* 何必再自助旅游，快来感受人间仙境

* 游览最原始的市场

* 包吃包住，但不包括旅游保险配套

启程日期：视个人需要程度，每天均可出发

从 $269 勃起

明天会更好　印尼各地自由行

* 备有超值的廉价物品与人命

* 亲睹民情爆发的狂热熔岩

* 欢迎经济援助金到访旅游

启程日期：旅游局长撤换前，尽快出发

从 $511 刮起

光天化日 香港—敏感之都

* 品尝一流流言美食

* 住宿明星级酒店，并装有房内保安针孔摄像器

* 附半日免费探索隐私的奥妙，由狗仔队导游带团

启程日期：虾饺、烧卖和绯闻一出笼，马上出发

从 $638 挖起

昏天暗地 澳门昂贵之旅

* 参观濒临绝种的老虎机

  观赏精彩刺激的真人 " SHOW HAND" 表演

* 包住宿，包早餐还包输

* 双程来回机票。至于回归澳门的钱，没有回程

启程日期：赌本思乡时就出发

从 $788 还起 （不包括利息）

顺天应命 **台湾**独自游

* 快来探索更大的活动空间

* 免费打捞生产过量的民主与黑金

* 亲睹在独立和统一之间的走钢索表演

启程日期：戒急用忍，不必仓促出发

从 $921 起步

得天独厚 **中国**苏州学习之旅

* 走一程宝贵的文化差异

* 住宿在高档的苏州工业园公寓

* 成功见证八平方公里的昂贵经验

启程日期：已经坚持了多年，铁定继续出发

从 $1177 起 （可动用公积金）

偷天换日　**日本**广岛复苏之旅

* 充满浪漫情调，布满历史不文明古迹

* 带您经历一种从废墟中站立的武士精神与忧虑

* 趁日圆未恢复前，攻陷这个旅游点

启程日期：等各自的伤痕痊愈，再重新出发

从 $1208 算起

值得信赖！

欢迎查询梦想中的配套！

观念旅行社　　**TEL：6-2003 1 14**

备有超值的廉价物品与人命
亲睹民情爆发的狂热熔岩

三梦唐寅

第二十八间

阳光不到的世界是颠倒的

一阵勃起的欲望

遗落在

文明的暗巷

序梦

别人笑我忒疯癫

我笑他人看不穿[1]

梦一回：进士第一

整整五百年的冤案

你一直含在口里

胸襟再豁达也咽不下去[2]

由江南启航的三元梦

秦淮河畔摆渡着解元的风光

一片青云　　不慎

搁浅在宦海的暗礁上

旷世奇才在命运中落榜

考获的进士断臂

应得的鳌头处斩

任凭你再机智也参不透

举人第一名的真相

其实　解元是在暗示你

解除抡元的梦想

考场上谁曾连中三元

历史也时常遗忘

却将你的名字一版再版

如此　　是否足够偿还

梦二回：风流第一

所谓传世的盛名

大部分只因桃花的风流

是否该怪冯梦龙

正史已无从判断[3]

一支画笔敲醒文坛的绝响
如今只是茶饭后的甜餐
缠绵的秋香　　掩盖
墨痕的清淡

三声如真似幻的笑颜
误传入戏院和经典
你再否认也赶不及无罪释放
纵然诗画里始终搜不出
华府窃玉的贼赃
只断续谣传
冒牌书童的浪漫

古人早已许下食色的宣言
小杜也有青楼的名望
惟独你风流始终摆在才子之上
情话比诗画更流长
韵事比才识更可观

梦三回：潇洒第一

青山都让你写来卖

桃花也被你摘去换酒钱

苦闷的尽头　　再一步

是放荡的深渊

与张灵合唱的《莲花落》[4]

绕梁到你落魄的晚年

畅销榜上原无永远的状元

有谁见你在生命的转角　兜售腼腆

文人的身份

强扮商贾的嘴脸[5]

一生欢乐其实不多

扣除五年幼稚，十年衰老，

二十年睡眠　还有

半生的失望之后

笑颜仅剩

宿醉的那几年

或许

或许并非你太疯癫

只是心绪总披着层层彩衣

你和我们一样

一样看不穿

梦终结

菊花已让陶潜采尽

林逋终生也只肯妻梅

朴素高雅都容不下桃花的艳

就让娇媚终生伴你眠

注：

1. 摘自唐寅《桃花庵歌》。

2. 唐寅，字伯虎。十六岁以第一名中秀才，二十九岁以第一名中举人（解元）。当时被文坛视为不世出的奇才，一定连中三元，即乡试，会试及殿试均考第一。讵料1499年在北京的会试中，他被卷入一场科举舞弊案。不但身受牢狱之辱，还遭罢黜功名，大好仕途，从此烟消云散。

3. 冯梦龙在《警世通言•唐解元一笑姻缘》里，描写了唐伯虎点秋香的故事。至此传闻转为实录。

4. 《莲花落》是乞丐行乞时唱的民间俗曲。据蒋一葵《尧山堂外纪》记载，唐寅曾经和张灵假扮乞丐讨钱买酒。唐寅也在《怅怅词》中，提到自己曾经"衲衣持钵院门前"。

5. 电影总是坚信唐伯虎风流、潇洒且身具功名。其实卸妆后的唐寅，晚年潦倒，经常靠售卖字画惨淡营生。

【缠绵的秋香 掩盖
墨痕的清淡】

院落（四）

历史更深的腹地

腹地

一个名字的诞生

沉重是一把使命的重量

就等王子拔起

刺入

历史更深的腹地

记忆就从这里开始吧
哪一天　或者什么天气
没有一家天文台敢肯定
可能在十三世纪　　哦……
十四世纪也行
反正《马来纪年》也只是在咀嚼
阿公的阿公在饭余的
一粒粒老故事

雷雨是古老的开场　　还有
久候的苏门答腊王子
拖着一船没有署名的临时演员
沉重是一把使命的重量
就等王子拔起　削风御浪
若在中国一定还有神龙出现
测量天命的成份
如此才可以领导后人满意地靠岸

其实　历史一直在等候
一排显赫的名声来剪彩
尽管还有更荒芜的童年
课本已懒得去谈

于是　我们只能选择相信
雄狮是天意的吉祥
换成野猪或蟑螂
唱一次国歌就要捏一把冷汗
全靠大臣和随从的近视
不然就是阿公也在撒谎
赤道从来不是盛产狮子的地方

有点夸张　有点荒唐
一个气派的名字
落户在神话的港湾
其他海盗、渔船还有一瓶瓶梦想

材料实在太稀薄

任双眼一再眺望

记忆就只能从这里　缓缓

摸黑扬帆

史说：关于新加坡的命名，《马来纪年》描述得最精彩。据说山尼拉乌他马王子乘船出游，遇上风暴。大船漏水下沉，众人都束手无策。直到王子把沉重的王冠抛下海，大船才可以平安地在一个小岛靠岸。这时，一只猛兽在众人面前一闪而过。王子问起，大臣都硬指那是狮子，是吉祥的征兆。王子于是将小岛命名为新加坡拉（梵语），即狮子城的意思。

缝合一段记忆

沉重是一把使命的重量

就等王子拔起

刺入

历史更深的腹地

于是我们都变成老百姓
相信山尼拉乌他马之后
就轮到莱佛士登基
这是史上最严重的病例
一个国家大量失忆
摆横线的五百年

脉搏其实没有休克
埋在禁山底下的寂寞
还有泥土在抢救延续
那怕只是轻轻五声
五声的喘息

X- 光片透视不到骨头的年份
却映出血肉分明的英勇和善忌
在某个偏僻的沙滩
仍躺着巴当与巫师的足迹

说那是幻觉也罢
谁能评定谁的诊断比谁的高明
反正红山的巷弄里
永远牵挂着小孩的血腥

将内窥镜引入更深的腹地
你会发现爪哇正在吞噬地盘
暹罗也像细菌来扩散实力
最后移植马六甲的伊斯干达沙
留下一张空床还有人不时来探访

五百年的病情　　只能
以三十六句诗勉强调理
眼见翰林院不停从元、明
一路写到清
我却只需随口敷衍外甥女

13

14

之后

立刻就轮到19世纪

1819年以前的命题

如果　考试不问

可以假装忘记

史说：据说山尼拉乌他马建立了新加坡拉王朝之后，总共传了五世。最后一任国王伊斯干达沙，虽然逃亡马六甲，却在皇家山（禁山）存有灵柩供后人凭吊。五位国王有的英明，有的好色，有的善忌；零零碎碎的故事流传了下来。直到后期暹罗和爪哇的攻击，新加坡才陷入历史的黑暗期。五百年的事迹只剩下几片鱼鳞，如果不珍惜，我们的记忆就更单薄了。

殖民地现象

沉重是一把使命的重量

就等王子拔起

刺入

历史更深的腹地

一列舰队撞醒了沉睡的历史
这块连郑和都不屑取景的沙滩
登陆了大英帝国的远见
望远镜把利润无限放大
东印度公司朝历史大喊一声
"Camera, Action!"

失业五百年的国内生产
辗转剩下种植、捕鱼和海盗
还有盈利在赚

要不是潮流兴起殖民地
英国人也不会急着搜寻
这个鸟不生蛋的荒凉

（荷兰一直在捶胸顿足，
怎么偏偏看漏这个金蛋）

天猛公，好一个杀气的名堂
我拉开想像的帘幕
偷窥莱佛士和他漏夜商量
胡先沙或是阿都拉曼
谁按照剧本谁就是苏丹
条约后页的花絮
要比条文更紧张
成功备忘一场宫廷的内战

土地的堆砌像蛋糕的分派
按肤色切割成一块又一块
沾不上奶油的牛车水
旅游局还在装修缅怀

剩下的琐事任驻扎官去忙
将来的编纂由教育部去慌
副总督的梦始终朝向西方

虽然

名字会永远树立在南方的河岸

就这样导演晋升为偶像

尽管只是区区九个月的登场

1819流传为红字

在fans众多的投注站

学校、酒店还有每个感官

有偶像代言才是高级的屏障

我们的潜意识始终没有独立

总在21世纪还在重复扮演

忠诚的殖民地

史说：莱佛士在1819年登陆了新加坡，当时的苏丹阿都拉曼是向荷兰那边靠拢的。莱佛士惟有暗地里扶持阿都拉曼的兄长，胡先沙为苏丹，才成功签署了各项条约。莱佛士从1819到1823年，总共只在新加坡逗留了大约九个月，却永远被这个岛上的人民记住。可惜我们记住他，就像记住一个偶像，没有内容，没有血汗 。

日出的恐惧

沉重是一把使命的重量

就等王子拔起

刺入

历史更深的腹地

像负伤的红十字狠狠打了个叉
降旗礼后太阳强行升起
恐惧照耀在不会打恭行礼的背脊

大炮列向南方是半世纪的冤案
总不能任浪潮随意上岸
“攻不破的堡垒”
才是驻守得最牢固的谎言
珍珠港以外还有同样疏忽的海港
一举沦陷了几代人的幻想

威尔斯太子落难成史上的丑案
皇室出巡岂能没有战机护航
可怜长堤对岸的苏丹殿堂
最后重要过整个岛屿的兴亡

失落的春节少了鞭炮的声响
白色的旗帜取代了红色的企盼

只不过是朝代的更替
日皇或是英王的侧脸
亡国前从来不会看得很仔细
身体只是暂时在寄居
刺刀却戳痛麻痹的神经
“检证”更“肃清”了顽固的
政治冷感症候群

民族的自尊还要日本来提醒
可惜热血也只是暂时的情绪
历史一旦忘记疼痛
股市又涨成惟一重要的议题
其他通通倒进咖啡杯
任由茶匙和部长去会议

帝国主义其实已不再流行

寿司、汽车和A片才是

最具杀伤力的强敌

时代却已无力抵御

这次原子弹到底该落在哪里

才能释放一座飘流的岛屿

史说：1941年12月8日，日本偷袭珍珠港那天，也轰炸了新加坡。英军“攻不破的堡垒”的谎言欺骗了自己，也误导了岛上的人民。后来日军刻意在柔佛苏丹的皇宫设指挥所，英军为了顾全道义，禁止军队开火。最终在1942年2月15日兵败投降，那一天正好是华人农历新年。新加坡改名为昭南岛，开始3年半的黑暗日治时期。

独立还是纠缠不清

沉重是一把使命的重量

就等王子拔起

刺入

历史更深的腹地

虽说是兄弟但也许更像夫妻
结合或是离异都是千头万绪
可能是太靠近
可能还有回忆
断了关系却断不了感情

单身还是联邦
高涨的失业率打扮成强势的红娘
还有共产党在旁虎视眈眈
要怎么选择才不会让历史遗憾
我们再次相信
繁荣
才是幸福的保障

纳采三年才签下迎亲的条款
国家的婚礼不可单凭八字合算
首先通过伦敦皇室那关

再来才是全民投票游街呐喊

奇怪　如今怎记不起当初的痴狂

尘埃落定在9月16日的1963

右派的欢乐

左派的紧张

蜜月未完牙齿就开始发颤

种族猜忌比男女问题更麻烦

闪电凝固在巫统的街头刺眼

看承诺被国会强行宵禁

暴乱变成一种不能妥协的表情

1965年8月9日有些许不甘心

听凭他国宣判新加坡的国庆

两年不到就犯满七出之条

没有一点资源连誓言也失效

小岛从此遗传忧心忡忡的警觉性

博物馆每天上映总理哽咽的声音

胡姬与大红花各自斑斓
握不握手都有情绪在暗暗较劲
然而水源和长堤时不时会提醒
曾经亲密的证据
虽然早已签下分家协议
兀兰与新山却只是一水的距离
氧气和废气都要一起呼吸

史说：60年代初期，所有经济、社会与政治局势都在促使新加坡和马来亚合并。然而，合并后，事实并非原先想像中的尽如人意。税款纠纷、市场封闭，更严重的是种族意见的分歧。1965年8月9日新加坡无奈脱离马来西亚，宣布独立。当时前途茫茫，祸福难定。虽然事隔多年，新加坡已经站稳国际，但是和马来西亚的关系仍然千丝万缕，纠缠不清。

后院

留住最原始的风景

风景

附录一：

伤韩

读景祥诗作《两座城市在流泪》

⊙ 伍木

景祥是在最近两三年来崛起于新华文坛的一个名字，我先前读过他的一些散文作品，发觉抒情的味道较浓，一直到我在校勘《新华文学》（第58期）时，无意间阅读他的诗《锯断岁月的指望》，才发现到这位青年作家的作品中也有人道抒写的一面。在这首以中国山东荷泽市南亭寺（俗称“断指村”）为对象而写的诗中，景祥把他对村民的悲悯情绪，恰如其份地抒发出来：

惊惶与电锯又打了个照面
前一截是学费尺寸的考量
后面那截是呼吸空气的税款
生活在零点零一公分的距离下
又一次完美地逃过肢解

《锯断岁月的指望》第二节

如果根据台湾女诗人张香华对诗人的要求准绳："诗人可以实验，但要有自己的民族感情。"（1993年语），则景祥这首6节28行的诗作，基本上是符合标准的。

2003年6月中旬，当我在校勘《新华文学》（第59期）时，又读到景祥一首极具人道主义精神的诗《两座城市在流泪》，登时眼前一亮。诗的原题是《五十年另N个月》，飘忽着浓浓的时间愁绪，给人一种遥遥无期的漫长感觉；但我觉得其中一句诗"有两座城市在流泪"既形象传神又令人有泫然欲泣的伤感，在感情的把握上会更为主动，因而致电景祥提出改题建议，他在须臾间也欣然接受了这个"不速建议"。

超越民族本位的感情幅度

从题材的甄选角度来看，《两座城市在流泪》可以归纳入新闻诗的范畴。在上个世纪80年代初期，新华诗坛的新闻诗书写蔚然成风，令人印象犹新者包括吴根的《沙达》、戴畏夫的《波兰》、希尼尔的《记甘地夫人》等等。然而，自90年代以降，新华诗坛的诗风锐变，新闻诗作寥若晨星。在这样的时代背景下，《两座城市在流泪》的题材筛选更显得弥足珍贵。

朝鲜半岛是亚洲一个风云变幻的敏感地域，但印象中新华作家对这个地域的书写篇章却是少得可怜，记忆所及只有希尼尔的诗《不如归去》（写于1988年，以一帧荣获1987年最佳国际新闻照片奖的照片为诗引，写韩国“汉城街口，一位母亲伏靠在镇暴警察的防盾上，哭她那屈死在投票日的儿子，伤心欲绝！”）以及黄孟文的微型小说《第18,475支香》（发表于2001年，写朝韩两国子民经过半个世纪枯等后，与至亲重逢之际似喜还悲的忧伤心境）。而景祥的这首《两座城市在流泪》，则是我所读过的第三篇“伤韩”新华文学作品，比较起《锯断岁月的指望》，前者不啻是一首超越了民族本位的感情幅度的佳构。

这首诗的基调与黄孟文的《第18,475支香》不谋而合，景祥在诗末附注中向读者交代诗的缘起：“2000年8月15日，分裂50年的韩国与朝鲜，各自准许100名离散多年的家属，在汉城或平壤团聚4天。短暂重逢又匆匆道别后，双方政府表示，一定会再安排其他千万名家属相会，但一年复一年，一月复一月，思念杳无音讯。”

《两座城市在流泪》诗长37行，共分6节。景祥在诗中以剑拔弩张的北纬38度线，带出了“思念的温度”和“这场丢荒五十年的离难”。诗的第三节，他短而有力地感叹道：

乡愁看似这么近
一程遗憾却要那么长

在亚洲近代史上，韩战是一首苦涩的悲歌，它扭曲了人性也撕裂了亲情，所以，景祥站在一个局外人的立场，替两个兄弟国度内的人民提出了活在浓烈政治氛围下的控诉：

是谁规定
还乡必须抽签
尽孝设下时限
亲情还在无助等候
政治垂怜

诗的末节，景祥以最深沉的笔触，挥发出他内敛的人道力度：

人间造就了两百份安慰
却亏欠
千万颗过期的盼望
那四天
有两座城市在流泪
接下来的N个月
只剩
一种眼神在失眠

时值新加坡年轻一代近乎人人哈日哈韩，我想，在大家沉溺于接踵而来的偶像型韩剧如《秋天的童话》和《冬季恋歌》等的当儿，景祥却在一个静静的角落，检视后韩战时期朝韩两国子民的至亲离散之情绪阴霾；在这个层面上，他的诗《两座城市在流泪》所飘散出澄清的远距离伤韩情怀，肯定是逆风和非典型的 。

注：本文摘录自《新华文学》第59期2003年8月

【他的诗飘散出澄清的远距离伤韩情怀，肯定是逆风和非典型的】

附录二：

所以牵手

◉ 景祥

如果每个人的记忆，都能忠实地录下当初的一草一木，一个眼神，还有那一刻的感动，或许我们就会更珍惜每一次的缘分。

为了《联合早报。文艺城》2002年的14行情诗专辑，我试着写了一首情诗。平谈的14行，记述了五段令我牵挂至今的温馨。

如何让梦境骑上木马旋转
绕回到一地蜗牛的童年
让胆小的手心停泊着肩膀
嘴唇温习你塞进书本的心意

难道就这样任记忆白发吗?
我的鼻子还要认定
送你十二种花的味道
疲惫的脚跟也不愿放弃
那一趟其实并不繁华的日出

再让我看一眼
让肩膀嘴唇鼻子脚跟
背熟每一次誓言的场景
我的眼睛还愣在裕廊小贩中心
呆看一朵静坐的幽莲

《所以牵挂》

这是一首很普通的情诗。手法普通，结构也普通。感触的雏形是源自一出名为《聊斋》的香港电视连续剧。剧里的丈夫死了之后，灵魂有幸回溯到当年和妻子定情的每一个场景。丈夫的灵魂化身为旁观者，目睹着从前自己和妻子的海誓山盟，重温了一些他几乎已经忘却了的感动。看着妻子原来的深情，当初相爱的理由一层层苏醒过来。

这种戏剧手法其实很常见，剧中人物对回忆的背景、台词与表情总是记得如此巨细靡遗。我没有这分福气，可以回到从前去温习那分最真，最原始的温馨。脑海里所残留的记忆，远远不及所经历的刻骨铭心。而其中有好些，已经永远被时序遗忘了。

所以那夜，我拿起了自己的摄像机，试着写了一段属于我和慧容的《聊斋》. . .

晃动的镜头最想拍摄到的，是一条青石板的小路。气候是刚刚下完一场雨。慧容和我从梯级不经意地走上这一段路。眼前爬满一地的蜗牛，无心地吓坏了这位正好走在我身旁的大小姐。她惊呼了一声，转身扯住了我的臂膀，惊惶地说道：

“有蜗牛……”

其实我和她并不熟悉，只是碰巧有机会走在一块。然而那时候，她的举止是如此地自然，好像她本来就应该靠过来，到我身边寻求庇护。这一切，原是没法抗拒的，就像蜗牛注定要爬上我错乱的思绪。我顿时有一种错觉，仿佛自己不再只是一个过客，有责任保护一朵莲花的开落。

那条青石板的小路很短，可是我一直都没有从江南走出来。

镜头一转，我又回到飞机的机舱里。我因为工作的缘故，每年需要出国三四趟。这些年来，次数已不下二十多趟。但是，每一次离开之前，慧容总会写一封信让我带在身上。我舍不得即刻拆开，总是忍到飞机起飞后，才在寂静的空中，慢慢地省着读。其实，信里也没有太激烈的情感，有的只是淡淡的家常话语 。

我习惯把信夹在带出国的书本里，寂寞时就拿出来和她聊天。那一次，我在空中阅读慧容从中国买回来给我的诗集。在诗集的最后一页，再次偶遇她嵌下的背影：

“其实，想说的是，能在异国为心爱的人找一本他想看的书，也可以是一件很美满的事。”

1997 年 12 月 8 日

短短的几行字，成了书本里最动人的诗句。

我一直想要记住，阅读那些字句时的感动。并且遥远地想像，她在写下那些话语时的心情。所以不管书本的情节再怎么改变，我仍珍惜每一个字在落款时的认真与决心。

然而，除了无情的胶卷，所有的记忆都会渐渐衰老，过期。

曾经有一段时期，我连续送花给慧容。前后十二次，十二种不同的花，在十二个不同的环境底下。我以为能一直清清楚楚地记得每一次送花的香气。可是，最近我开始有一种莫名的恐惧，很多味道我已不是那么肯定。渐渐地，我已不大记得那束火鹤花是哪里买的。还有，那束鸢尾到底是第几次送的？那些都是我曾经以为不会遗漏的气息。

我突然想起电影《半支烟》里，曾志伟所饰演的“下山豹”。他千辛万苦地奋力挣扎，为的就是要赶在记忆消失之前，锁住心爱的人的容颜。

我开始了解那种回忆日渐凋零的惊惶与无助。不是为了那些花瓣的颜色，而是那开在情人眼里的温柔表情。

其实，在我写下这首情诗之前，我曾经写了一篇名为《忘了下山》的散文。那是在2001年的情人节。那年我把散文当礼物送给慧容。从她的泪光中，我知道她还惦记着那些脚印。间隔了七年，我再度提起笔写散文，最想写的就是曾经和她共同走过的那段风景。

那是在1999年末，我们在斯里兰卡耗了一整夜不休不眠的疲惫，爬上山看日出。在那又累又冷的山上，我们最后看到的已经不是一段绚丽，而是彼此平平实实的坚持；一种不离不弃的承诺。后来回想起才明白，原来我们并不是非要上山不可。只是彼此都不想让对方的记忆里，留下没有日出的遗憾。

下山之前，我们和山的倒影合拍了一张照片。然而，更让我留恋的是当时那分共同受苦的从容。我将这一分感触，永远地摆在心灵的相框里，提醒自己曾经许下背她上山的誓言。虽然，我一直没有说出口。又或许，我已经说了。

每个人都会在不同的风景，不同的温度底下，许下誓言。我相信这些誓言，不论有没有说出口，在当下一定是真诚的。只是后来因为各种不同的原因，而最终得放弃。但是，在放弃之前，如果有机会像那部《聊斋》里的丈夫那样，可以再回去看看最初的幸福，还有那曾经心动的侧脸，你会不会重新考量？

其实，我也曾陷入过一程迷惘。在那段日子里，唯一支持我的凭借，就是那一幕幕曾经让我牵挂的片段。那张足够让我在心情最低潮时，仍继续支撑我过渡的风帆。

当然，时间过去了，剧情和角色或许会变。但是，我总是记得把我心里拍过的感动，一张一张，带在身边。就像有些人喜欢收集名画，有些人喜欢收养宠物，我却喜欢收藏回忆。那些被我粗心遗落的镜头，我心痛它已不能够重新搬演。或许在某个下过雨的午后，我会突然想起，一些让我沉浸一整夜的模糊表情。

14 行的情诗，我只是花了两个星期来琢磨；然而背后，却用了九年的时间，一幕一幕，一步一步，慢慢地排练。往后一路上的每一场关怀，这次，希望我能够记得更清晰，更真切。

剩下裕廊小贩中心的幽莲，是什么样的背景？其实，我想说的是，我记忆里的焦点，从来不是什么地方，什么情节或什么时间。而是那一刻，心头的那阵微微的颤动，如风轻轻吹过一朵心中的幽莲。

所以牵挂，一直是那段弯弯曲曲的九年。所以牵手，在六月。在一个蜗牛泛滥的季节，当你转身，紧紧地握住了我的宿命。

简介33年

郑景祥(Ting Kheng Siong)，祖籍广东鹤山，1971年生于新加坡葱茅园。天然的华文痴，虽然中小学都在传统的英校圣安德烈就读，却反而对华文恋恋不舍。高中时期几经波折，终于可以在淡马锡初级学院修读当时的高级水准华文第一语文。1990年获得新加坡武装部队奖学金，理所当然地选择了新加坡国立大学中文系。

国大毕业后，履行与武装部队的合约，当了12年的陆军炮兵军官，升为少校。2003年，他决定辞去军务，一心想要回到文字与书本的空间。目前任职于出版社。

景祥狂热于任何与华文有关的活动。曾经是高中和大学时期的辩论代表，也积极参与舞台剧的演出。除了电视连续剧和武侠小说以外，他也迷恋传统的灯谜，是新加坡《春到河畔迎新年》历来最年轻的主桴。

然而，文学始终是他最不能舍弃的魂魄。

景祥的创作本位一直是以散文为主，1999年才迷恋上写诗。他把自己的情况比喻作是一个浅薄的男人突然爱上一位高贵典雅的女子，结果耗尽所有心力，勉强去高攀一个梦想。一首又一首坎坷不平的诗落成之后，他会悉心地将它们寄托到新加坡、马来西亚、香港和中国等地的文艺报刊，希望岁月能接受他的努力，像女子感动于一分诚意那样。

近年来，景祥也开始参与文艺团体的活动。他目前兼任新加坡作家协会和五月诗社的秘书。

曾经获得的文艺奖项有《狮城扶轮文学奖》、《华岭散文奖》、《LycosAsia中文原创文学大奖》、《亚细安青年微型小说奖》以及《世界华文报告文学奖》等。尴尬的是，这些全都不是新诗类的文学奖项。

特别介紹

阅览八方 共享文化

香港、台湾、马来西亚读者可以该地货币购书，
我们的书籍也以美元定价。请参考本公司网上书店。

《游走与沉溺》
（零度文学空间）
翁弦尉著
ISBN 981-4139-05-X

《写一首歌给你：
梁文福词曲选集》
梁文福著　韩劳达编
ISBN 981-4139-00-9（平装）
981-4139-21-1（附 CD）

《如果岛国，
一个离人》
柯思仁　黄浩威著
ISBN 981-4139-09-2

《戏剧盒：1992–2002
刘杰奇等编
ISBN 1-879771-86-1

推荐网站：全球华人专业人士网络
www.networkchinese.com

■

欢迎浏览本公司网上书店查阅其他书刊及优惠配套

www.globalpublishing.com.sg

阅览八方 共享文化

景祥小品 三十三间 八方文化创作室

作　者	郑景祥
责任编辑	许维贤
封面设计	何美娇
排　版	黄美媚
校　对	王慧容
出　版	八方文化创作室 (世界科技出版公司之附属机构) 5 Toh Tuck Link, Singapore 596224 www.globalpublishing.com.sg
联　络	65-64665775 支线 413/416 chpub@wspc.com
印　刷	World Scientific Printers (S) Pte Ltd
初　版	2004 年 8 月
国际书号	981-4139-23-8
版权所有	© 2004 八方文化创作室
鸣　谢	国家艺术理事会 NATIONAL ARTS COUNCIL SINGAPORE 李氏基金

八方文化创作室，简称八方文化，以母公司世界科技出版公司为后盾，致力于推动新加坡的中文出版，并且放眼全球华裔的人文舞台。我们的重心在于介绍世界各地华人学者及作家的言论与著作，同时也积极推动各类艺术与文化活动。八方文化期望以出版良心作信念，以高素质为诉求，为各地中文读者开启多一扇东西文化的窗户，共同努力营造一个富有质感和充满活力的人文空间。

世界科技出版公司总部及海外分公司

新加坡(总部)
World Scientific Publishing Co. Pte. Ltd
5 Toh Tuck Link
SINGAPORE 596224

新泽西
27 Warren Street
Suite 401-402, Hackensack
NJ 07601, USA

伦敦
57 Shelton Street
Covent Garden, London
WC2H 9HE, ENGLAND

北京
中国北京市西城区
德外大街 4 号 B 座 312 室
邮编 100011

上海
中国上海滩国际大厦
黄浦路 99 号 2003 室
邮编 200080

香港
九龙中央邮箱 72482
香港

台北
台湾台北市
新生南路三段
88号5楼之6

真奈
No.16, South West Boag Roa
T. Nagar, Chennai 600 017
INDIA